**FINALEMENT
RIEN NE CHANGE**

ÉRIC LÉONARD

FINALEMENT RIEN NE CHANGE

(juin 2018 – février 2019)

© 2020, Éric Léonard

Edition : BoD - Books on Demand
12/14 rond-point des Champs-Élysées, 75008 Paris
Impression : Books on Demand GmbH, Norderstedt, Allemagne
ISBN : 978-2-3222-1405-1
Dépôt légal : juin 2020

Préface de Patrick DUPOND

Une situation très actuelle, un conflit amoureux tant intérieur que sociétal, des personnages que nous connaissons bien, peut-être sont-ils un peu nous ... ????

C'est vif, c'est rapide, c'est d'aujourd'hui, et pourtant Eric Léonard va nous amener à vivre cette comédie vaudevillesque en employant les arabesques de Jean-Baptiste Poquelin, grâce à la magie des alexandrins... Ce qui ne manquera pas de nous faire vivre ce doux paradoxe d'être là aujourd'hui avec les cinq sens, transportés au 17ème siècle !!!

Il n'aura fallu que quelques jours à notre auteur au grand cœur pour transposer un huis clos, somme toute pas banal mais déjà vécu dans les volutes, peut-être, du château de Versailles, ou bien dans une de ces très belles demeures d'Aquitaine qui abritèrent (et sans doute encore aujourd'hui) tant d'aventures de mœurs qui, au final, sont bien telles qu'annoncées... : ETERNELLES !!!

Patrick DUPOND
Danseur étoile, médaillé d'or du concours international de ballet de Varna en Bulgarie, ancien directeur artistique du Ballet National de l'Opéra de Paris, actuellement engagé dans l'humanitaire, il est associé à la chorégraphe Leïla Da Rocha pour co/diriger l'académie d'études supérieures de la Danse : White Eagle Danse Académie.

Préface D'Eric Des GARETS

C'est un vaudeville en alexandrins. Un huis-clos. Epoux, épouses, maîtresse, servante. Les jeux de l'amour ne doivent rien au hasard. Un petit monde de cachoteries, d'hypocrisies ordinaires. Eric Léonard les trousse, muni des douze pieds. Et c'est vrai que finalement rien ne change. Rien de nouveau sous le soleil. Ce qui change, c'est la manière de le dire, la voix qui ceint les banales turpitudes de petites communautés de vie.

Il fallait une servante pour mettre ce monde à nu. Elle ne possède pas le grand cœur d'une autre. Son chapelet de mots ne vaut pas patenôtres. Les bourgeois vont leurs vies, et leurs dires convenus. Voilà belle lurette qu'ils ont trahi leur être. L'un voue à la cité le plus clair de son temps. L'autre s'entiche des mots et en fait son autan. Et leurs épouses s'ennuient, et leur vie est si piètre.

Eric Léonard se joue de ces chimères. Il s'amuse, et tricote les illusions perdues. Ses liaisons dangereuses ne sont pas éperdues. Et il n'aime rien tant que traduire le paraître. Souvent nous sourions en parcourant ses vers ; Il sait mieux que beaucoup dessiner nos travers.

Il se peut que certains donnent tort à la rime. Mais elle excelle à dire nos rachitiques cimes, nos pauvres ridicules et nos désirs falots. Elle est incontournable pour accuser nos maux.

Il nous faut de tout cœur espérer que la pièce, dont Eric Léonard est l'heureux géniteur, parvienne à trouver scène sans connaître de heurts. Il serait fort dommage qu'elle ne fasse pas florès.

Eric Des Garets
Né à Boulogne-Billancourt Eric Des Garets est DGA du conseil général de Gironde. Il y gère la culture et l'environnement. Quoi de plus normal pour cet écrivain talentueux et reconnu par ses paires. Alliant la poésie, le rugby et François Mauriac il est capable d'écrire sur tout et de toutes les façons. Auteur d'une quinzaine de livres dont : Petit dictionnaire Mauriac, Du rugby, Certitude d'aimer ou encore Bassin d'Arcachon, Eric Des Garets respire la poésie comme personne.

BONJOUR ET MERCI

C'est une pièce de théâtre qui, hors scénario et mise en scène, est d'une durée d'une heure et quart environ. Sa particularité est qu'elle est entièrement en Alexandrins.

Son titre est : **Finalement rien ne change**

2 actes de 5 scènes chacun nous transporteront dans un univers tout à fait singulier.

Cette pièce raconte l'histoire d'une famille bourgeoise qui, comme toutes les autres familles, a son lot de travers et de cachotteries. Elle a été écrite avec un ton de comédie, et par la force des choses, la rythmique de l'alexandrin force automatiquement certains traits de caractère.

7 Personnages vivent dans cet univers d'amour, de tromperies et d'amitié.

Yves : propriétaire des lieux, il est politicien. Yves fait cavalier seul. Egocentrique, il utilise tout pour servir sa personne, que ce soit maîtresses, femmes ou amis. Marié à Marie, il est l'amant de Louise.

Marie : Epouse d'Yves, cocue depuis 10 ans. Complètement aigrie, elle a d'une certaine manière le syndrome de Stockholm envers son mari Yves.

Louise : Elle est l'épouse d'Éric. Fascinée par l'Aura d'Yves, elle est aussi sa maîtresse.

Éric : Ami d'école d'Yves. Ecrivain, très libre, époux de Louise. Il est amusant, aime séduire et faire des allusions coquines.

Paul : Il est le cousin d'Yves et l'époux de Julie. Plutôt de caractère faible. Il sent que sa femme lui échappe, mais veut son bonheur. Il est dans l'acceptation, mais cherche à comprendre. Il est le plus âgé des personnages de la pièce.

Julie : Epouse de Paul, elle est la confidente et amie de Louise. Son secret : elle aime Marion.

Marion : Elle est l'incontournable soubrette ou dame de maison. Elle est au courant de tout ce qui se trame et tente de s'en servir pour battre monnaie.

Bonne lecture,
Éric Léonard

ACTE PREMIER

Scène 1

Le décor est planté. On apprend la liaison de Louise avec Yves et le début de ce que mijote Marion

Louise : Crois-tu qu'ils aient vraiment sur nous quelconques doutes ?

Yves : Ma foi je n'en sais rien, mais restons vigilants.

Louise : Peut-être que Marion… car sans cesse elle écoute…

Yves : Mais de là à parler ! ce serait surprenant !

(Marion entre dans la salle à manger avec un air amusé)
Marion : Prendriez-vous madame une goutte de lait ?

Louise *(plus bas à l'oreille d'Yves)* : C'est toujours préférable avec un fond de thé

Marion *(demi sourire)* : Dérangerais-je honteuse à de neuves passions ?

Yves *(agacé)* : C'est bon, allez Marion, éclipsez ce salon !

Marion *(délicate, accent pointu forcé)* : Si je peux me permettre à monsieur je dis mot !
Je ne suis pas ici simplement que photo
J'aimerais donc assez qu'on élève sur moi
Autre chose qu'un bras, une main, une voix !

Yves *(en soufflant)* : Cela en est de trop que cette comédie

Aucun bras n'est levé, ni une main tendue
Mais pour sûr à l'instant c'est une tragédie
(regard langoureux vers Louise) Que de couper ainsi cette belle entrevue…

(Marion part furieuse et claque la porte)

Yves : C'est fou comme elle énerve et c'est rien de le dire
Elle pourrait avoir un peu de discrétion,
A toujours s'en mêler ça me fait craindre au pire…

Louise *(amusée)* : Enfin moi pour mon lait j'attendrai l'attrition !
(Louise se colle à Yves, tactile)
J'aime à t'entendre oser, respirer près de moi,
J'aime aussi ton odeur, ton parfum généreux,
Tout ça m'enivre alors mon tout beau ténébreux.

Yves : Ton désir est brûlant, s'il te plaît, dans mes bras.
(Yves ouvre les bras ils s'enlacent)
Personne n'avait fait autant d'effet sur moi
Et…

Louise *(coupe la parole en mettant son doigt sur sa bouche :* chut mon amoureux savourons ce moment
Car il y en a fort peu, on ne sait mais comment…
Ce feu qui brûle en moi m'empêche de penser
Tu hantes mes jourd'huis dans des rêves sans fin

Yves : Je te vois jours et nuits, tout le temps, et enfin
Tu es là près de moi ne cessant d'encenser.

Louise : Que veux-tu c'est plus fort que moi et tu le sais
Nos passés sont maudits comme un mauvais essai
(Louise traverse la salle en parlant à Yves, de dos)

Un jour ça se saura, on sera découvert
Et je pourrai parler heureuse à cœur ouvert
Crier sur tous les toits mon amour

Yves *(avec crainte coupe la parole) :* impossible !!
On serait aussitôt par les gens pris pour cible,
Nous n'avons pas le droit de casser cette image

Louise *(terriblement déçue)* : Mon dieu mais que dis-tu, tu tournerais la page ?
Tu ne m'aimes donc pas assez pour te livrer.

Yves : mais non tu le sais bien *(Yves hésite)* mais les amours cachées
Sont bien plus pimentées ! gardons-nous ce secret
Je te demande donc de ne pas tout gâcher.

Louise : Mais c'est inélégant ! que diable dis-tu là ?
(Louise plus doucement à elle-même)
Essayons, malgré tout, ce sera déjà ça
(Puis regardant Yves)
Tu dis ne pressons pas, ce n'est pas encor l'heure
(S'il te plaît sous-entendu)
Vivre dans le pécher pour moi n'est que douleur.

Yves : Reportons dans le temps cette discussion *(diérèse)*
Et rappelons ci-tôt notre bonne Marion.
Demandons à présent quand reviennent les autres
Mon cousin, mon épouse, Eric et puis qui d'autre ?

Louise : La mie de ton cousin, ma douce confidente

Yves : Que je ne sens pas bien pour ton information.
Elle fait les yeux doux, c'est une dissidente,

Me tenant à coté, j'ai cette sensation.

Louise : Vraiment tu me surprends ! *(Louise tourne la tête l'air songeur)* Mais que lui ai-je dit
Lorsque l'on s'est parlé, voyons…, l'autre jeudi ?
Elle a pourtant été, je crois, de bon conseil ?

Yves *(change de ton pour laisser sous-entendre, mais souhaite surtout qu'en pensant à ça elle ne repense plus à la discussion précédente) :* Tout ça est calculé, enfin moi, je surveille.

Louise : Comme bon te plaira, mais à qui donc alors
Pourrais-je me confier en totale confiance,
Je n'arriverais pas à parler sans méfiance,
Et là j'en ai besoin…, je crains que tu aies tort !

Yves *(se passe la main dans les cheveux) :* Je doute mais encore…
et de toute façon
Je sais que la raison guidera ta passion
Tu penses à Julie comme belle personne
Je n'irai contre ça, même si je m'étonne.
Tu as souvent vu juste et je dois l'avouer
(En conseil, il acquiesce) Que ton discernement est des plus enjoué.
Il est très important de parler entre amies
(Tout seul, tout bas, clin d'œil vers public)
Être écouté, c'est bon et calmera ma mie.

(Marion entre à nouveau)
Marion : Alors on en revient à de meilleurs hospices !?
Ou dois-je l'annoncer à madame Marie.
Je fais seule un pari que ce petit supplice
Fera un émincé des plus gros gabarits
Yves : Qu'insinuez-vous là ?

Louise *(en colère)* : Mais c'est un vil chantage !
Vous ne feriez pas pire à parler de cela.

Marion *(avec l'air de narguer)* : Ah ah j'avais raison, ce n'est plus de votre âge
Que de cachoteries ! mais voyons, est-ce là
Dans ce petit salon que s'est noué l'intrigue
D'amoureux éperdus, et perdus pour de bon ?
Quant à moi je vous fuis pour mes tartes aux figues
Vous laissant réfléchir à un possible don !

Scène 2

Marie laisse entrevoir son visage cynique.
Marion laisse clairement entendre qu'elle sait des choses. Julie se découvre. Éric apporte son expérience.

(Ils reviennent tous de se balader et après avoir ouvert la porte Marie se jette sur le canapé).
Marie : Quelle belle balade au cœur de la forêt !
J'aime aussi y courir mais plutôt à l'orée
Du bois c'est préférable et bien plus éclairé
Que dans l'épais glaçage humide des clairées
(Marie commence à enlever ses chaussures)
Cela vous ennuierait que j'ôte mes chaussures
Elles sont douloureuses

Julie *(coupe la parole à Marie)* : Et des plus encrassées

Marie : C'est juste mais Marion veille et ça nous rassure
D'avoir à nos côtés l'ombre de panacée.

(Marion entre soudainement)
Marion *(avec un air provocant et écœuré)* : Qu'entends-je par ici, qu'entendez-vous par là ?
Vous vous trompez sur tout, surtout vous vous trompez,
Je ne suis pas larbin, je ne vais pas ramper
(Marion se rappelle les vacances de ses employeurs)
A vos ordres malsains comme faits à Sarlat !...
Alors que j'étais là à frotter le tapis
J'entendais vos éclats de rires très « happy » *(Marion marque le guillemet avec ses doigts)*
Vous vous moquiez de moi sans même vous cacher

Je voyais en pensée votre père craché.

Marie *(très ironique)* : Mais comment pouvez-vous nous croire aussi stupides
Notre confiance en vous nous est des plus limpide
Et votre savoir-faire a diverses façons
De nous en empêcher. Pour dire nos leçons
D'éducation civique et civile parfois,
Même pas une intrigue, ou si peu quelquefois,
Vernissent par instant nos cultes aux plus nobles
De ce très beau métier dansant le paso-doble. *(elle mime Marion faire le ménage)*
Ne vous méprenez pas, nous sommes à l'écoute
(Dit doucement) Du parfum des soupirs, du moindre de vos doutes.

Marion *(pas dupe)* : Il est vrai qu'il est bon de vous entendre dire
Ces quelques mots sur moi, mais combien d'élixir
(Diérèse) Seriez-vous capable de me tartiner
Pour enfin me sortir un petit martinet.
(Marion lève la main et les yeux au ciel)
Ah voilà la bassesse en ce monde aujourd'hui !
Vous savez qu'on accède à tout, sauf l'usufruit
Que l'on partage encore autour d'un bon repas
Mais que je peux mener un jour jusqu'à trépas.

(Julie se fait douce avec Marion)
Julie : Sauriez-vous nous livrer quelques cachoteries ?
Auriez-vous entrouvert quelques portes sacrées ?
Si c'est le cas, allez ! de vos lèvres sucrées
Racontez-nous sans fin toutes minauderies
Que vous devez avoir ouï au travers des portes
(Julie se tourne vers Marie) Elle en sait pour beaucoup, je crains que ça l'emporte.

Marion : Peut-être pas le tout, mais grande est la partie
Qui brûlante ma lèvre en mélodie hardie.
Me laissant espérer de belles transactions
Accompagnées alors d'un bon Saint Emilion *(et elle lève une bouteille se trouvant là).*

Marie : Incroyable, insensé, mais c'est là du chantage
(Marie tout bas) Comment de ce cerveau peut sortir ce langage…

(Éric entre à ce moment-là et entend la fin de la phrase)
Éric *(avec humour et sourire)* : M'aurait-on appelé, car je suis spécialiste
Des histoires tordues Ô combien réalistes
Qui se cachent au fond de tout individu
Du sordide à l'amour en quêtes assidues
Qui voulant empêcher par de sombres manœuvres
Qu'on saute l'apéro pour attaquer l'hors-d'œuvre.
Alors qu'en est-il donc de ces beaux bavardages ?

Marion : Au lieu de ricaner vous devriez d'usage
Enquêter sur les faits ou ouvrir grands vos yeux
Car vous n'êtes pas seul à pratiquer l'odieux.

Éric *(en riant)* : Mais quel ton véhément vous met dans cet état !

Marion : Juste quelques jurons et moqueries bêtas
Qui bien mal-à-propos gagent au grand besoin
De vengeances ignobles, et là je vous rejoins
Qu'il est bon de savoir que de sombres personnes
Ont enfoui des secrets que moi seule claironnerais s'il vient qu'on juge un tant soit peu ma peine
D'entendre me parler sans courtoisie urbaine !!

Éric *(se retourne et parle à Marie et Julie)* : Je crois que j'ai compris,
il y a donc intrigue
Et c'est bien sous ce toit qu'on mène moribond
D'étranges relations comme pensait Rodrigue
Et pas piquées des vers comme illustre Marion !

Julie : Il va falloir qu'on ait un peu plus de détails
(Se rapproche de Marion avec douceur) S'il vous plaît je sais bien
que vous êtes gentille.
Laissez tomber cet œil qui luit et qui scintille
De plaisir à nous voir les cousins d'un bétail !
On veut juste comprendre, et ne pas nous tromper.
(Julie dit ce qui suit un peu comme une déclaration)
Vous êtes à mes yeux la dame de maison
Qui ne peut être bonne ou larbin estampée
Ne souffrant même pas d'autres comparaisons.
Que s'est-il donc passé, que vous a-t-on mal dit
(En mettant la tête sur le côté) Pour nous vouloir autant de maux
et de malheur,
Il vous faut retrouver un peu de Vivaldi,
Et je serai garante en regain de chaleur…

Marion : Je vous sais bienveillante et vous en remercie,
Mais pas un autre bec est venu sustenter
En complément vos sons y semble contenter
Un peu de ma santé par un fond d'éclaircie
(A tous) Dans un futur très proche on saura que mes dires
N'avaient de convenant que l'esprit de naissance
Du doute qu'envahit votre vile conscience.
Mais il est bien des dieux qu'on ne saurait médire !
(Marion s'en va triste avec un léger trouble)
Marion et Éric *(Ensemble)* : Eh bien !

Éric *(faisant la moue)* : Je ne sais pas ce qu'elle manigance

Marie : En tout cas il est clair qu'il n'y a qu'arrogance
Ce n'est pas un bébé qui va nous rabaisser
Qu'elle essaye à nouveau, oui c'est ça qu'elle essaie !

Scène 3

Entrée en scène de Paul, cousin d'Yves. Paul ressent beaucoup de choses et essaie de faire parler Yves. Paul s'inquiète pour son épouse Julie.

(Yves lit le journal dans le salon. Paul entre)
Paul : Hello mon bon cousin, comment vas-tu ce jour ?
Les nouvelles sont chics ?

Yves *(était dans ses pensées)* : Habituellement
Elles se lisent mieux, mais depuis le séjour
J'ai eu quelques échos qui généralement
Me laissent étranger.

Paul *(en touchant et montrant un autre journal)* : Je parlais du journal !!
Je ne te suis pas trop, mais vois de quoi tu parles,
Car du fond de la cour, j'entendais les propos.

Yves : J'ai l'impression ancrée que Marion déraisonne
Il faudrait lui donner quelques jours de repos.
La fatigue fait dire un paquet de tisonnes.

Paul *(tente de faire comprendre à Yves qu'il sait)* : Elle paraît très sure avec ce qu'elle entend,
Ce serait là bien sûr un message tentant.
Peut-être qu'on devrait un peu plus l'écouter,
Si elle passe à l'acte on sera dégoutés !

Yves *(avec dédain et fort)* : De quel acte crois-tu qu'on peut s'enorgueillir

Quand on a pour cerveau des ânées panachées.
Et même si un jour des idées sont lâchées
Ce sera sans caution, que l'on saurait cueillir !

Paul : ouh la ! tu y vas fort ! ça te touche donc tant ?
Tu es passablement énervé je l'affirme,
Ton humeur est légère à plein temps je confirme,
(Plus bas et questionneur) Et là tu parles fort, mais depuis pas longtemps.
(Paul change de sujet) De nouveau des ennuis traversent tes oreilles,
Trahison politique ou très mauvais conseil ?

Yves *(entre dans le jeu et change de conversation)* **:** Les deux mon bon cousin et je dois avouer
Qu'un prompt changement d'air me ferait un bien fou
Solitaire en forêt évitant Dien Bien Fu.

Paul *(remet le malaise sur le tapis)* **:** Nous y sommes allés sans pouvoir te louer
Pourquoi es-tu resté à siester au salon ?
Louise a dû te gêner à lire ses chansons,
Elle chante à voix haute et très distinctement,
Récite sans musique et nouveaux instruments
Des textes dirigés par son maître de chant.

Yves *(coupe court)* **:** Alors j'ai dû dormir assez profondément.

Paul : Finalement Marion vous a laissé tranquille ?

Yves *(agacé)* **:** Je ne comprends pas trop pourquoi tu dis cela.

Paul *(ironique et amusé, taquin)* **:** Que Louise a pu chanter son être Mirella
Et que Marion n'a pas réveillé son concile

(Changement de ton, Paul dit ce qui suit sans regarder Yves, les yeux dans le vague)
Quant à nous la balade a été formidable,
Mais Julie mon épouse avait l'air perturbée,
Des pensées voletaient en sons interminables
Spirituel et fier sic un site turbé.
(Se tournant vers Yves)
As-tu perçu en elle un semblant d'aléa
Ou c'est moi qui ressens dans mon fort intérieur
Moi qui ne pourrais pas en pensées aller à
Demander un pourquoi de besoin d'extérieur.
Mon Dieu que l'alchimie de l'amour est étrange…

Yves *(dit ces phrases de manière saccadée comme pour ne pas se tromper)* :
J'en suis si convaincu et depuis des années,
Nous sommes prêts à tout, nous, les hommes, on range…

Paul : Tout scrupule au tiroir même s'ils sont damnés !?
(Yves a un œil interrogateur, tête en avant en levant légèrement les sourcils)

(Louise entre)
Louise : Comment vas-tu mon Paul ? la sortie agréable ?
As-tu pris du bon temps, tu l'as bien mérité

Paul : Julie semblait légère adressant aux cigales
Un message si doux, parfum de vérité.
Mais toi qui te confies à ma jolie épouse,
Aurais-tu remarqué un changement discret,
Les poumons resserrés comme treize à la douze,
Cachant dans son profond un plan ultra secret.

Louise : Ma foi non, je ne peux en dire d'avantage,

A aucun des moments où je fus avec elle
Je n'eus ce sentiment d'évadée de chapelle
Ni même de refuge en ton de brigandage.

Yves *(Content qu'on ne parle plus de lui, dépeint un tableau volontairement tragique. Beaucoup de mouvements de mains et de bras dans les dires qui suivent)* :
Tout arrive et pourtant personne ne le voit,
Paul s'inquiète séant, et sent qu'elle louvoie.
Mais il est des moments où des passions subtiles
S'immiscent bien profond par des visions fragiles
Créant un fin sillon qui livre peu à peu
Une image vinyle, un venin sirupeux.
Venin que l'on ne peut remarquer tant il est
Sans odeur perturbant, on ne peut l'arrêter.
Il est sournois et bon car il fait découvrir
Le fond de nos envies, l'ivresse d'assouvir
Un besoin si enfoui, qu'à l'orée du cerveau
On passe de poisson à peut-être verseau.

Louise : Tu as l'air d'en savoir un bon échantillon !

Yves : C'est tout ce qui me vient à écouter mon Paul.
Et s'il est un secret qui plombe les épaules
Ça doit rester secret, et pas de cotillon !

Louise : Tu conseilles à Paul : « laisse faire le temps »
(Main sur ses hanches, se rappelle leur dispute et commence à douter)
Ça c'est fort de café, et je vais m'enquérir
D'anagrammes nouveaux avant que dans l'étang
Ils s'enfoncent si loin qu'on ne peut les quérir.

Paul *(ton très doux)* : Il ne faut pas ouvrir la boîte de Pandore !

Il est des relations qui ne sont pas charnelles.
J'ai le cœur en émoi mais tant que je m'endors
J'arrive à surmonter ces maux qui me harcellent.
C'est juste un ressenti rien de plus, oubliez.
J'avais besoin d'entendre en retour vos idées.
Laissez-moi réfléchir pour pouvoir en vider
De mon cœur ces idées et mettre un bouclier
Sur des livres perdus, des angoisses vivantes
Et déposer ma lie aux flammes purifiantes.
Pour enfin retrouver au détour d'un hasard
Le miracle enroulant la tombe de Lazare.

Yves *(d'un geste de la main se débarrasse un peu du fardeau) :*
Qu'il en soit donc ainsi, on le respectera
Autant que tu voudras attendre…et cætera…

Louise : Tu me laisses sans voix, je m'inquiète à mon tour
De tous ces compromis et ces sous-entendus
Je ne pouvais penser qu'en autant de contours
Un besoin germerait clair et inattendu.
(Louise se laisse tomber sur le canapé, sans voix)

Scène 4

Marion met en place son chantage (Yves et Louise). Mais une info de Julie laisse entrevoir l'acte 2, et met à plat le chantage de Marion.

Marion *(Tout haut vers le public)* : Pa pa pa pa pa pa pa pa pa pa

Public : Olé

Marion : ah lala j'ai du temps, j'adore ces moments
(Vautrée dans le canapé)
Ça ne vous le fait pas ? libérée et lascive
Ne se soucier de rien, pas même une lessive
Et vivre pleinement le plaisir de l'instant.

Éric *(coquin)* : Vous devriez tester une autre position !
A moins de supporter aucune opposition
J'essaierais bienpensant d'imaginer troublé
Un air de la campagne en voile dédoublé.

Marion *(joue le jeu)* : Justement c'est le mot, vous ne manquez pas d'air
Et sans être gêné vous sortez le grand jeu !!
Qui donc vous fait penser qu'à la drague j'adhère ?
Quoi qu'il soit c'est bon de voir qu'il y a enjeu !
(Effronté mais chouette)
Je vous plais c'est donc ça, mais pour combien de temps,
Un coup par ci par là pour bien vous dégourdir
L'oiseau qui reste au nid et qui ne vole autant
Qu'il voudrait et je crois qu'il pourrait s'alourdir !
Éric : Je vois bonne Marion vous avez de l'esprit

Marion : Un esprit d'à-propos mon cher pas comme vous

Éric *(fait quelques courbettes et tournoie dans la pièce)* :
Pas faux et c'est sans crainte enfin que je l'avoue
Devrais-je prendre alors les cours qu'on m'a prescrit ?
Mais il me faut surtout charmante compagnie,
Je verrais bien en vous la douceur d'une muse
Et pourrais peaufiner cet esprit qui m'amuse.

Marion : Mais voyons je ne peux il y a prescription
Vos talents font très peu hélas récréation.

Éric *(demi sourire taquin)* : Seriez-vous attendrie par mon génie caché
Que vous êtes séduite et voulez tout gâcher !

(Yves arrive sur la dernière phrase d'Éric et se tient statique dans la porte ouverte, il entre)
Yves *(donneur de leçon)* : Toujours en pleine action ! Ta femme est au courant
Que Marion est pour toi source de tentation

Marion : Mais de quoi je me mêle à donner des leçons
Quand on sait ce qu'on sait mon dieu que c'est méchant !
Le Turc changerait donc de tête à l'infini
Pour messire bel Yves en un regain fini.
Moi j'aimerais garder un peu de sensation
Et revenir alors à mes propositions.

Éric : Oh la dois-je comprendre enfin un peu du deal
Je ne piperais mot même pas un sourcil
Mais si j'avais envie d'en savoir un peu plus ?
(Les mains jointes, amusé) Mettez-moi au courant, allez je n'en peux plus !

Yves *(gêné)* : Tu n'as pas à savoir ce n'est qu'entre elle et moi
Que tout cela se sait me mettant en émoi
Je ne supporte plus cette bonne lascive
Qui devrait repasser ou faire la lessive.

(Dans le passage précédent Yves joue avec le public en faisant deviner « la lessive » et peut s'amuser avec en disant genre : il y en a 2 qui suivent)

Marion : Mais la bonne en question veut mieux gagner sa vie
Et ce n'est pas avec sa rémunération
Actuelle qu'elle peut rendre un homme ravi
Mais plutôt par chantage en livrant ses visions.

Yves *(Un peu violent puis ricane)* : Solutions onéreuses et secret partagé
Je vous croyais douceur poudrée de gentillesse,
Mais que je suis naïf, je vais vous encager !
Vous pourrez contempler mon infinie sagesse.

Éric : Ce n'est donc pas l'amour qui vous lie de passion
A moins qu'en quelque sorte il se soit détourné
Du premier de son sens, je vais donc séjourner
Encore un peu de temps dans un coin du salon. *(Éric s'assoit sur un coin de meuble)*
J'aime à voir Marion délivrer ce message *(diérèse)*
Il est vrai qu'un effort pour ses émoluments
Ne serait pas de trop et couvrirait son âge.

Yves *(faillit faire une boulette)* : Bien sûr ce n'est pas toi qui paies ses défraiements
Quelle belle leçon que ce beau témoignage
T'as les poches percées depuis ton plus jeune âge
Et tu es là séant à vouloir écouter,

Ne sachant même pas combler pour le goûter… *(Aspiration forte, bouche en 0)*

Marion *(Main sur la tête)* : Attention vous allez vous livrer sur le champ !
Il est une rancœur qu'on ne saurait subir
Que si son fondement voulait faire punir
A trop vouloir en dire et en se dépêchant !

Éric *(jeu de mime d'Éric)* : Qu'allais-tu donc livrer toi qui coudrais tes poches
Pour ne pas débourser un centime de trop
Tu te ferais payer même pour une moche
Pourvu qu'elle soit rich', pourvu qu'elle soit pro.

Yves : Je crois que tous ces mots dépassent ta pensée
Mais il est ma fois vrai je n'aime dépenser
Que pour mon bon plaisir, et même quelquefois
Je fais croire que j'ai beaucoup plus qu'on ne croit.
Mais malgré tout cela et je te le confesse
Ce secret pour ma part cache une histoire de fesse
Et j'aime à savourer tant il est si facile
De fair' planer aussi des illusions dociles.

Marion *(parle plus bas pour elle)* : Ce n'est pas très joli mais j'y arriverais
(S'adresse à Yves) Vous faites bien le coq, car c'est bien du fumier
Qui recouvre vos pieds et point de l'élégance,
Vous aimez vous mirer dans votre convenance.
Si ce n'est pas par vous ce sera donc par celle
Qui ne vous connaît pas mais que vous subjuguez,
Elle aura double dû et avec la parcelle !
La vérité sera l'alliée de ses deniers.

Éric : Dieu je ne comprends rien !

(Julie passe la tête à la porte du salon et entre après avoir dit sa première phrase interrogative)
Julie : Ah vous êtes donc là ?

Éric : Mais de qui parles-tu, nous n'étions pas cachés ?
Enfin c'était bien mieux qu'on ne nous trouve pas
Car Yves a un secret qu'il ne peut partager…

(Julie pense que le secret d'Yves est l'amour qu'elle a pour Marion)
Julie : Mais comment a-t-il pu découvrir mon arcane

(Marion caresse le dos de Julie sans penser qu'elle parle d'elles, et pense que Julie est au courant de la liaison d'Yves et Louise)

Marion : Qu'importe ce qu'il sait, il transgresse sans cesse
Des pensées compliquées comme un pentadécane,
Communiant librement sans aller à confesse.

(Éric sort l'air soucieux, Yves sort content de lui, Julie et Marion reste dans le salon)

Scène 5

Julie fait son coming-out, son mari Paul ne lui en veut pas, mais ça contrecarre tous les plans de Marion. Marie se régale et Éric s'expose en laissant échapper des infos sur lui

(Marion sait que Julie est la confidente de Louise et pense que le secret de Julie est ce que lui a avoué Louise c-à-d sa liaison avec Yves…)
Marion : Voyez il ne faut pas non plus exagérer
Ça ne concerne en fait que votre amie Louise *(diérèse)*
Qui a quand même un don pour glisser dans la mouise
Puis espère toujours en sortir vénérée.

Julie : Je sais que vous savez la liaison très intime
Que noue Louise en secret, vous vous en délectait,
Mais il est des amours dont l'étroitesse infime
Courre à côté de nous sans l'avoir détectée.
Je ne suis qu'une oreille à l'écoute de Louise
Et à aucun moment je ne souffre et ne crains
Cette infidélité où les voies s'amenuisent
Emportant par-delà l'ivresse de l'écrin.
Ce n'est pas de cela que mon esprit s'encombre
Mais d'autres sentiments embrument mes pensées,
Et l'idée de donner un jour au plus grand nombre
Un début d'apparence ou de réalité
Me terrifie, pourtant c'est d'amour que je parle :
Sombres feux interdits dans mon éducation
(Parle sans regarder Marion et vers le public)
Et j'ai bien peur d'avoir à me cacher à Marle *(c-à-d loin)*
Si ça vient au grand jour et aux yeux de Marion.

Marion : Aurais-je bien compris à demi-mots masqués ?
Que vous colliez mon nom à ce brumeux mystère
Laisse entrevoir plutôt l'ombre du Finistère
D'effroyables tourelles et un homme casqué. *(Rapport au masque de fer)*
J'entends le messager, cela me fait frémir,
Malgré tout j'aime assez vous entendre gémir
Le son de mon prénom, mais il est impossible
Par l'amour unisexe que vous rapportez
Ne trouve compassion aux dictats de la bible
Sur laquelle allégeance vous fîtes en janvier.

Julie : Je le sais croyez-moi mais les écrits sont flous
Et puis mes sentiments peuvent rendre jaloux
L'homme qui m'accompagne et qui m'aime à mourir

Marion : Et que vous n'aimez pas assez pour le nourrir.
(En rapport avec l'existence du Christ ainsi que les écrits bibliques dont parle Julie)
Certaines vérités nous devrions garder
Sans dires farfelus enrobés et lardés.
Qui remonta l'info ? Le saurons-nous un jour ?
Je préfère à ces mots ne vivre que d'amour,
Le concept d'un bon Dieu n'est pas pour me déplaire
Mais lire ses écrits de quoi avons-nous l'air ?
Si l'on s'en tient méfiant qu'il a les solutions,
L'amour est imparfait, et le fait de vouloir
Reléguer la pensée dans 2-3 ablutions
Vide toute substance. À l'amour le pouvoir !

(Julie tutoie pour la 1ère fois Marion)
Julie : J'abonde dans ton sens, mais dois-je regretter
De mettre tant livrer

Marion : Non vous avez bien fait.
Malgré tout je ne peux voler vous satisfaire
Car j'ai au fond de moi un amour éloigné.
Cependant c'est gênant pour mes viles affaires
D'avoir eu ce secret clairement dévoilé.

(Arrivée d'Éric)
Éric : Décidément Marion est de tous les sujets
Et je vois que chacun se confie à madame.
Moi c'est plus terre à terre en un souffle léger.
J'ai le corps qui s'embrase et j'allume ma flamme…

Julie : Je te laisse mon cher garde bien tes arrières
Tu devrais éviter de tendre le bâton
Tu pourrais entrevoir l'ennemi à tâtons
Ouvre donc grand tes ouïes et fait quelques prières.

(Julie part rapidement, Éric essaye de la retenir en l'appelant)

Éric : Julie ! reviens bon sang ! Je ne sais plus quoi dire
A entendre ces mots, devrais-je craindre au pire ?
Ou c'est vouloir punir mes écarts de damné
Qu'elle confesse là que je serais fané ?
Pas besoin de rester sur mes gardes, je vois
J'entends et suis curieux laissant traîner l'oreille,
J'ai compris que ma mie n'a pas d'yeux que pour moi
Mais je ne sais pour qui cet amour est pluriel.
A croire cependant et croire à chaque fois
Que l'impie concerné sait en dernier ressort
Ce mâle qui obsède en sa couche parfois
Vient le claquer tout haut quand la vérité sort.

Marion *(demi-sourire et air guilleret)* **:** Moi je sais…, j'entends tout, je vois tout, je m'amuse

A vous voir tous tramant ces histoires lugubres
Je crois que mes affair'ont parfum de succubes
(Démons femelles qui vient la nuit s'unir à l'homme)
Et j'essaierais séant d'en éviter Camuse
(Personne qui a le nez court et aplati, en évitant Camuse elle évite un coup de poing)

Éric : La violence verbale est souvent bien plus dure
Qu'asséner une tête, un poing, un coup de pied
Elle fait son chemin et puis elle perdure
En un coin du cerveau comme si elle épiait.

(Marie entre un peu agacée, elle sent qu'on lui cache quelque chose. Elle regarde Éric)
Marie : En ce moment, souvent, on vous surprend volage
Serait-ce indélicat de demander pourquoi ?

Marion : Je partais, j'ai fini, j'en dirai davantage

Marie : C'est à lui que je parle avec son air sournois.

(Marion sort du salon en bougeant la tête de droite à gauche en se disant : non mais celle-là !)

Éric : Tu en as tout le temps après la terre entière
Énervée et acerbe Ô que tu es aigrie !
C'est fort inconvenant ! qu'elle apparence altière !
Ah si tu t'entendais tu n'aurais pas maigri.
Voilà déjà dix ans que tu es en colère

Je m'en rappelle bien, c'était cette année-là
Que Paul me présenta et mit en boutonnière
Ma douce et belle Louise en beauté camélia. *(En référence à leur mariage)*

Marie : C'est aussi cette année qu'Yves prit la mairie
Allant de conférence en dîners étoilés
Séduisant sans arrêt toutes ces Valéries,
Je restais seule ici, l'attendant, céphalée !
Tout ceci est cruel empreint de plaidoirie,
Moi j'étais obligée d'amener à Thoiry

Les enfants pour ne pas qu'ils sentent cette absence
Du père bouillonnant dans de fausses décences.
Le pouvoir était là, tout le monde l'aimait
Plus ils le convoitaient plus je le détestais.
Ils collaboraient tous, ça continue encore
J'ai perdu toute envie, je fonds dans le décor.

(Marie s'assoit et met sa tête dans ses bras)

ACTE DEUXIEME

Scène 1

(Louise essaye de trouver le bon moment pour dévoiler à Marie sa liaison avec Yves. Mais Marie juste avant explose d'amour pour son mari devant Louise. Louise s'allie à Marie pour faire avouer Yves et elles essaient de le piéger).

Louise *(Seule)* : Je crois qu'il va falloir trouver le bon moment.
Il faut que j'y arrive… Oserais-je le dire
Tout du moins l'immiscer, laissant faire les dires
Et enfin récolter leurs retours assommants.
(Diérèse) Marion se rapproche et elle a forcément
Préparer comme Icare un envol très précieux
Contrairement à lui s'éloignera des cieux
Pour délivrer au mieux l'estocade, aisément.
Et si je la prenais comme alliée volontaire
Elle manœuvrerait pour moi, c'est évident.
Pour la persuader j'userais de mystère
Lui faisant croire alors aux brillants dissidents.

(Louise change d'idée et hoche la tête)
Pourquoi lui faire croire… Elle n'est pas d'hier,
Et même son présent n'est pas vraiment l'Enfer
Comme elle aime à penser, le répéter sans cesse,
Elle sait bien bluffer pour éviter la messe.
Il faut que je lui parle, elle dévoilera
Son plan, ses intentions… Je dois jouer serré
Il y a forcément à faire, j'essaierai !

(Marie entre dans le salon pour mettre des fleurs dans un vase. Elle parle avec dureté et cynisme comme une femme malheureuse, et rate sa note d'humour)

Marie : Tu parles toute seule ? on te consolera
Tu sais finalement ce n'est que le début

Louise *(craintive)* : Mais de quoi parles-tu, tu me mets mal alaise

Marie : De cette maladie qui nous met au rebus *(Rapport à la maladie d'Alzheimer)*
Tout ça n'était qu'humour, cela ne t'en déplaise !

Louise : Cesse de plaisanter j'ai d'autres faits en tête
Si tu les connaissais !... *(Tout le poing sous le menton)* Il faut que je m'entête !

Marie : Tu disais ?!... J'ai à faire. Un fond de compromis !
Mon mari !... Je ne sais mais le doute est permis.
De plus en plus distant, pas même un geste tendre,
Je crois qu'il ne veut plus…, mais pourrais me méprendre.
J'aimerais tant pourtant rester à ses côtés,
Je me sens affaiblie même un peu empotée.
J'ai vécu l'ascension, le marathon d'un homme,
Cet homme était le mien amoureux disait-il.
J'ai peur d'avoir été prise pour une pomme.
Je me noie dans l'ennui, la crainte de l'exil.

(Louise ne sait plus quoi penser, il faut qu'elle se ravise. Hypocrite mais sa conscience sait qu'il faut tout stopper)

Louise : Je te plains mon amie, et je peux te comprendre
L'amour est mystérieux, mais s'il n'est partagé
Il nourrit le malheur, le bonheur n'est que cendre
Et notre humanité en sera ravagée !

Marie : Aurais-tu toi aussi un malheur à cacher ?
Personne à qui parler, veux-tu que je t'entende ?

Louise : Ô grand Dieu non merci

Marie *(montre le canapé à Louise)* : Il faut que tu t'étendes
Tu es pâle ma Louise, avale ce cachet.

Louise : Aucun cachet n'aura la force de guérir
Aucune médecine, aucun médicament.
La douleur en mon cœur me fait craindre le pire…
Je dois régler tout ça auprès de mon amant.

Marie *(étonnée)* : Ton amant ? Qui est-il ? De quoi as-tu donc peur ?

Louise : De mettre entre tes mains l'orage du Trident,
Et qu'à chaque vision je dévoile à ton cœur
L'horreur du passé frais d'un fieffé charlatan.

(Marie baisse la tête et fait un geste de la main pour que Louise lui laisse de l'air)
Marie : Mon doute était fondé, laisse moi je te prie
Laisse-moi respirer, de l'air, *(fort)* c'est ça de l'air !
Les embruns de la mer fouettant mon corps flétri,
Déchirant mes habits soupirant d'éphémère.
Brûle-moi, gifle-moi, délivre mon tourment,
Embrume l'univers de tous ses éléments,
Laisse-moi vider là ce venin destructeur.
La larme au quotidien de ma vie sans chaleur
Que je suis donc idiote, autant d'années perdues,
Qu'une petite sotte aimait à corps perdu
L'ombre de mon tourment, je me voilais la face.
J'étais à un tournant… Que tout cela m'agace !
(Marie se retourne vers Louise)
Cet amour est profond, ça fait donc si longtemps ?
Je me croyais jolie, mais c'était le bon temps.

Construire pour durer, avec des projets fous
Mais pas un sous-marin je n'voyais là-dessous !
(Voix tremblante)
Comme je suis honteuse, abîmée et meurtrie,
Je ne pourrai jamais plus regarder confiant
Cet homme qui parait aussi insignifiant !
Pourquoi me faire mal, que lui ai-je donc fait
Une seule amoureuse était trop demander ?

(Marie montre Louise du doigt et bascule dans le dégoût et la colère)
Je m'en vais de ce pas chercher cet étalon
Pourvu de trois cheveux et d'un double menton !

(Louise l'attrape par le bras)

Louise : Attends je t'en supplie, je n'imaginais pas
Aveuglée par l'Aura, la puissance verbale
Ses mots me délectant siphonnant de Nerval,
Je le voyais si grand, je ne le voyais pas.
Je te savais acide et ne soupçonnais pas
L'amour qui se cachait sous cette carapace.
Tu en étais privée par ce bec de rapace
T'obligeant à passer de bonheur à trépas *(psychologique bien sûr)*

Marie : Je suis anéantie mais on va le piéger
Il a accumulé en lui tant de mensonges
Je voudrais qu'il se sente amer et assiégé
Qu'il tombe dans un puits, que ses démons le rongent !

Louise : Collons-lui pour ce faire un doute véritable.
Pour que la vérité revienne sur la table
On verra à quel point il peut se débiner
En changeant de discours pour nous embobiner.
(Louise fait un signe à Marie de mettre son doigt sur sa bouche)

Attention le voilà, sèche vite tes larmes.
(Louise tout fort entendant quelqu'un arriver)
Mais qui fait donc ce bruit, quel est là ce vacarme ?

(Yves aperçoit Louise et ne voit pas Marie qui était en retrait)

Yves : Ce n'est que moi ma Louise avec une bouteille *(puis voit Marie)*
Ah pardon tu es là ma chérie ?...

Marie : Je surveille !

Scène 2

Marie et Louise essayent de faire avouer Yves qui nie en bloc en trouvant de très bonnes excuses. Marie et Yves se livrent à une vraie partie de pingpong.

(La scène se rallume, Yves sirote un verre de vin et fait comme si de rien était)
Marie : Tu comptais fêter quoi, une idée de génie ?
Encore une volée à un de tes confrères
Pour te la faire tienne, et comme d'habitude…

(Yves coupe la parole à Marie, il la toise)
Yves : Toujours dans le tourment, mais quelle ingratitude !
Je venais apporter une bonne nouvelle
Car je viens de signer un centre culturel.
La bouteille est donc là pour de bonnes raisons
Je propose qu'on boive, et plus que de raison !

(Yves arrivait de la cave et n'a toujours pas sorti son blouson)

Marie : Pour m'oublier encore et encore et encore.
Je n'étais pas conviée à boire du flacon !
Tu me croyais sortie à m'enivrer à tord
Car de nous deux l'infame a toujours son blouson !

Yves *(se retourne vers Louise)* : Je suis vraiment confus de t'imposer cela
(Plus fort) Ces scènes de ménage amusaient fort naguère !
(Plus bas) Je suis venu joyeux sans volonté de guerre
(Montrant Louise du doigt puis insiste sur la fin du mot)
Et toi tu m'injuries

Marie : Tu n'es qu'un cancrelat !
Pourquoi ce n'est pas moi la première au courant
De tous ces faits nouveaux

Yves *(En souriant)* : Ou anciens quelques fois !
Mais parce que tu fuis… N'entendant que parfois !
Donc je ne te dis plus !

Marie : Mais voyons… Et pourtant
Je fus toujours fidèle et toujours à l'écoute
Jusqu'à ce que ton œil s'éclipse dans la nuit.
Dix ans dans le supplice à rechercher ma route
Essayant de savoir laquelle tu séduits !

Yves : Attends mais tu délires !

Marie : C'est ça amuse-toi
Dis-moi que je raconte aussi n'importe quoi !

Yves : Je ne vois vraiment pas où tu veux en venir
Que tu sois dépressive on peut en convenir
Mais de là à tancer ton mari vertueux…

Marie *(dégoutée)* : Non mais je n'y crois pas *(se retourne vers Louise)* pince-moi il vaut mieux.
Je te dis ma souffrance, et tu me cocufies
Tu me réponds alors que je suis dépressive.
Je te vois suffisant, et tes acrobaties
Verbales s'il en est, sont un peu excessives.
Cher Yves écoute-moi, je veux la vérité
Ce n'est pas compliqué, je veux la vérité.
Louise est là, elle écoute, elle sera témoin
(Lance un bras vers Louise) Maintenant qu'elle sait… Autant que de nous deux

Elle apprenne comment t'en viendras aux aveux !

(Yves regarde tour à tour Louise et Marie)

Yves : Je ne suis pas certain que tout ça l'intéresse
Et que tous tes délir' exaltent ses pensées
(Regardant Louise) S'il te plaît tu devrais nous laisser par noblesse
(Regardant Marie droit dans les yeux, et lui attrapant les mains)
J'ai eu des occasions, mais ne t'ai pas trompé.

(Louise fait de gros yeux et rougit de colère)

Louise : Ah non c'en est assez, j'en ai trop entendu
Tu ne peux pas jurer tu n'en as pas le droit
Tu dois la vérité à Marie, c'est un dû !
(D'un ton inquisiteur) Prouve-lui que c'est faux, justifie de surcroît !
(Levant les yeux) Et dire qu'il n'y a pas de fumée sans feu !

Yves : Ce proverbe est idiot, et ça je le confesse
Je n'ai jamais connu une autre envie de fesse
Sinon j'aurais sorti ou fait une valise
Pour m'en aller au loin butiner à ma guise !

Louise *(Médusée)* **:** Aucune rencontrée durant ces derniers mois
Difficile à le croire, et même pas chez moi ?
Tu m'as baratiné ne sachant pas choisir
Le moment de l'aveu pour ne pas en pâtir
(Yves semble inquiet de la tournure que ça prend)
(Regard dans le vague) J'en ai plus qu'entendu de ce vil imposteur
N'arrêtant de passer nos envies au toasteur.
Délivrez-moi de lui, qu'il en soit condamné
Dispersez dans le vent ces cendres satanées.
C'en est hallucinant

Yves : Qu'est-ce-que tu racontes ?
Tu n'as qu'à te lâcher…, inventer des histoires

Louise : Tu es plus écœurant qu'un bas fond d'urinoir
Et je prie qu'un beau jour tu deviennes quelconque !

Yves : Je vois que tu n'es pas étouffée par la classe
Tu balances tout ça souffrant de guerre lasse
Je ne fais pas de film, incroyable mais vrai :
J'ai peut-être séduit mais n'ai jamais aimé.
Et ton comportement cautionne enfin mes dires
De ton acharnement à vouloir me ternir
(Se retourne vers sa femme estomaquée)
Ma chérie jure moi qu'au moins tu me comprends
(Puis vers Louise) Je te croyais noblesse, aux vues cela s'apprend.
(Yves retourne la situation à son avantage)

Maintenant je vois mieux ce que ressent Eric
Lorsqu'il me parle osé d'une ambiance électrique.
J'aimerais bien savoir ce que tu vas lui dire
Une fois que j'aurai fait un compte-rendu
Il sera effondré, crois-moi, car il t'admire,
Il va tomber de haut ! tout ça bien entendu
Se digèrera mal

Louise : Un chantage de plus !
Tes mensonges odieux livreront ton visage
Car il doit se douter ce que tu envisages

Marie *(Regarde Louise avec désolation)* : Éric écoutera son ami corrompu !

Louise : Je lui dirai alors toute la vérité
Je souhaite retrouver de la sérénité !

Scène 3

L'heure est à la délivrance et aux aveux, Louise doit absolument voir Éric la première

(Éric est assis à sa table de travail. Il écrit. Louise frappe à sa porte)
Louise : Chéri ? c'est moi, Louise *(diérèse)*

Éric : Entre donc mon amour !
Que me vaut le matin ce passage imprévu
Malgré tes rendez-vous tu as fait un détour
(Éric ouvre les bras) Embrasse ton mari

Louise *(Elle l'embrasse)* : C'est pour une entrevue,
Je dois le confesser, de très haute importance !
Peux-tu prendre un moment, que l'on puisse parler ?

Éric *(Montre un siège pour qu'elle s'assoit)* : Je t'en prie dis-moi tout, qu'elle est cette impatience ?

Louise : Je ne sais comment faire et par où commencer

Éric : Le mieux est d'être franc, direct et efficace
(Montrant son travail) Comme tu n'es pas là pour une dédicace
Fais court je t'en supplie, j'ai beaucoup de travail
Entre-autre il faut répondre au courrier en pagaille !

Louise : Je te veux concentré et prêt à m'écouter
Ce que j'ai à te dire est des plus redouté
Avouer mystifier n'est pas chose facile !

Éric *(L'air très inquiet)* : Tu veux ta liberté, quitter le domicile ?

Tu t'ennuies avec moi, tu veux gommer vingt ans
D'innombrables stories et quelques beaux printemps ?

(Louise fait court et brutal tout en se rendant compte qu'il est encore très amoureux)
Louise : Mais non tu n'y es pas j'aime être à tes côtés
Cependant ton ami prit ta place un instant
Il a su m'étourdir, il était envoûtant !
(Éric voit rouge, va pour crier et se ravise)
Je t'en supplie Éric pourras-tu pardonner
Ce moment égaré, cette désolation
Rongée par le scrupule et l'infidélité
Mon cœur et mon esprit n'étaient que confusion.

(Éric l'air perdu mais comprend qu'au bout de tant d'années en commun il y ait eu quelques incartades)
Éric : Il me faudra du temps pour ne plus y penser
Je comprends maintenant pourquoi tu compensais
En absence notoire un malaise présent
Que j'avais constaté un peu confusément.
(Louise s'approche et tente d'enlacer Éric)
Non j'ai dit, s'il te plaît, qu'il me faudra du temps
Il me faudra aussi parler au scélérat
Qui l'espace d'un temps prit ma femme en ces bras
Un ami qui plus est, ce ne serait pas Yves ?

(Louise hoche la tête d'un oui)
Le démon est en lui, c'est une récidive !!
Il a déjà blessé mon âme d'étudiant
Tellement malheureux, je suis resté mendiant
Une demi-année avant de rebondir
Retrouver le sommeil aux multiples faisceaux
Et siphonner la vie jusqu'à m'en étourdir
Puis je t'ai rencontré, tu m'as sauvé la vie

Dix ans à pardonner et retrouver « St Yves »
Je le revois prier d'une bouche plaintive
Et se dissimuler pour cacher ses envies !
(On toque à la porte du bureau, c'est justement Yves)
(Éric très fort pour montrer sa colère et donc qu'on le dérange)
Entrez !

(Yves passe la tête et entre mais ne voit pas Louise au début)
Yves : Coucou

Éric : C'est toi vermine de vaurien ?

Yves : Je vois par ton accueil que tu es au courant ?

Éric : J'aurai dû m'en douter, tu te disais mourant
D'inquiétude pour moi ! tu vis comme un saurien
Ton cerveau est rompu à vivre d'estocades
Alors que tu n'es fait que pour des mascarades !
Tes journées sont bidons et maigres compagnies
Tu vis et tu te noies dans ta mythomanie.
(Louise fait mine de partir mais Yves fait un geste pour qu'elle reste)

Yves : Tu devrais m'écouter ! non Louise reste là !
(Se retourne vers Yves)
C'est bien que Louise entende à présent tous mes dires
Car il est des secrets qui parfois nous déchirent
Mais dont l'explication n'est pas dans l'au-delà.
C'est vrai que ton épouse et moi avons fleurté,
Mais à aucun moment il n'y a eu passion
De ma part en tout cas, pour de bonnes raisons
Car c'était éphémère et ça pouvait heurter.
(Yves s'enfonce et est odieux sans s'en rendre compte, mais continue pour mettre la faute sur Louise)
Quant à elle il est vrai, je ne saurais te dire

Ce matin elle voulait tout livrer en public
Je l'ai déconseillé car c'était impudique
Elle m'a rétorqué que je devais grandir.

Louise : Tout me répugne en toi tu n'es pas gentilhomme.

Yves *(donneur de leçons)* : Pour me dire tout ça tu devais m'adorer
Et quand l'amour s'éteint c'est la haine qui somme
Les amoureux perdus d'être picadorés !

(Louise sentant qu'elle ne maîtrise plus rien, essaie de récupérer la parole hésitante, elle est sûrement encore amoureuse de lui, son vocabulaire le prouve)
Louise : Tu m'avais perverti, je n'étais plus moi-même
Il se dit qu'on récolte un beau jour ce qu'on sème,
La preuve est là, actée, le ver est dans le fruit
Tu te montres enfin en voisin de la truie !

Éric *(ton ferme vers Louise)* : Les torts sont partagés tu devrais te tenir !
Ne pas en rajouter car cela ne vaut pas
La peine qu'on y prête une grande importance
Dès lors que votre amour n'habitait qu'ignorance
(La tristesse de Louise montre que quelque part pour elle il se trompe)
C'est peut-être mon sort, quelle fatalité !
Vivre en paix mais sans marge à la banalité.
Il faut se pardonner, il n'y a plus que ça
Laissez faire le temps, se redonner confiance

C'est encore trop frais

(Yves reprend le dessus et veut mettre un peu le malaise chez Éric)
Yves *(L'air de dire oui)* : Il n'y a que méfiance ?!

(En montrant Louise) Elle étend son venin…Je ne devrais rien dire ?
(Puis à nouveau vers Éric) Tu donnes des leçons mais tu n'es pas tout blanc
Si je nomme Marion, ce met est succulent
N'aurais-je point troublé vos envies de plaisir *(En rapport précédemment aux jeux de séduction d'Éric)*

(Louise vient à la rescousse d'Éric avec beaucoup de douceur, ils sont à nouveau solidaires)
Louise : Éric est séducteur, mais c'est un homme honnête
Son caractère est doux, de grande humanité
Et si son œil échoit sur une mignonette
Il enrobe d'humour avec inanité.

Yves *(Avec un sourire)* : Très bon *(Traîne sur la fin du mot)* tu le défends, vous retrouvez l'osmose
On peut dire que c'est un peu grâce à st Yves
(Veut avoir le dernier mot) Je n'espérais pas temps qu'une métamorphose
Rapide à fin heureuse et fort compréhensive !

Éric : Quant à Marion j'avoue je me suis amusé
Mais à aucun moment voulut en abuser ! *(Clin d'œil au public)*

(Tout le monde quitte le bureau d'Éric)

Scène 4

Les aveux continuent cette fois-ci de Julie. Marion est forcée de laisser tomber son chantage.

(Marion fait le ménage en chantant dans le bureau, Julie entre)
Marion : « La Donn*(a é)* mobilé, qual prima al vento, muta d'accento, e di pensiero… »

Julie : Marion, tu es ici, je te cherchais partout
J'ai besoin de parler, peux-tu prendre un moment
(Marion reprend à chanter doucement) Je vois ton air joyeux, il faut que je t'avoue

Marion : Chantez Rigoletto ! ce n'est pas assommant !

Julie : Ecoutez je vous prie, c'est sérieux et sincère
J'aime à vous regarder vous contempler sans serre
La liberté vous sied, je ne vois que plaisir
Donnez-moi un espoir que je pourrais saisir !

Marion : Je sais que vous m'aimez, hélas, c'est impossible
Mon amoureux m'attend et il est très jaloux
Sans compter que chez moi la déviance est passible
D'une bonne raclée de mon bel Andalou !

Julie : Vous ne niez donc pas, vous m'aimez donc un peu ?
Je ne pensais jamais que j'en serais capable
Une passion est née, moi qui rêvais si peu
Et je tombe éperdue sur celle condamnable !
(La tutoie à nouveau)
Tu habites mes nuits, je vénère le jour

Où Marie approuva ton emploi à plein temps.
Je savais que j'aurais l'occasion tout le temps
D'admirer ta silhouette et d'aussi beaux contours !

Marion : Je vous prie de cesser cela devient gênant
Nous ne serons jamais amantes ni complices
Même si vous restez cette dominatrice
Qui paye mes surplus et mes émoluments.

Julie : Je ne vous défraie pas, ce sont Marie et Yves
A qui vous répondez par lavage et lessive
Cependant je sais bien que vous vivez de peu
Il me suffit d'un mot et ça n'ira que mieux.

Marion : Vous ne comprenez pas, vous mettez le bazar
J'avais avec mon homme un bien meilleur programme
Un chantage en vos lieux sans aucun état-d'âme,
Yves trompe Marie, ce n'est que du caviar.

Julie : Vous êtes au courant mais comment c'est possible

Marion : Visiblement Julie, je ne suis pas la seule
Vous en faites partie des plus naïvement
Cette maison complote, à chacun son linceul
Cela me contrarie et contrarie mes plans !

(Paul vient voir si Éric est dans son bureau)
Paul : Savez-vous que parler dans le bureau d'Éric
Lorsqu'il n'est pas présent fait poser des questions
Car il est isolé tant et bien qu'un lyrique
Ne s'entendrait pas même à travers la cloison !

Julie *(ironique)* **:** Et tu crois qu'on est là pour parler de ménage ?

Marion : Cela suffit Julie, je me sens mal à l'aise

Paul : Je ressens des tensions et pas d'un court-métrage
Mais plutôt d'un refrain plagiant « la javanaise ».

J'ai comme une impression de complot féminin
Et de cachoteries qui laissent présager
Autre chose qu'un cours d'électroménager
Mais au contraire un fond : mystère sibyllin !

Marion *(Regarde le couple) :* Il faut que vous ayez une conversation
Je ne veux déranger je m'en vais de ce pas
Désormais je dois vivre avec mes illusions
(Avait manigancé son plan avec son Andalou)
Car mon plan s'est noyé, Je vais perdre mon roi !

Paul : J'ai compris ma chérie, plus rien n'est comme avant
Je te sens loin de moi, j'en ai parlé à Yves,
Marie qui était là fit une tentative
Pour me réconforter tout en m'encourageant.
(Marion quitte le bureau malheureuse)

J'ai bien vu ton humeur durant notre balade
Tu avais l'air très loin comme une camarade.
Tu n'étais plus aimante estivant les nuages
Et tes yeux insistant sur les hauts pâturages
Une légèreté soulevait tout ton être.
J'ai eu cette vision jadis je m'en souviens
L'amour t'apprivoisait de rythmes vénusiens
J'étais dans ton tourment amoureux comme fou
Craignant que tu t'enfuies car j'étais sans le sou.

Julie : Je dois te confesser tout en délicatesse
Car je sais ô combien tu es dans la détresse,

Mais ce visage là que tu as déjà vu
Me conduit menottée pour une garde à vue.
Marion en est la cause à moitié convaincue
Et malgré mes pressions, ne s'avoue pas vaincue
Elle aime un Andalou je ne peux le combattre.

(Julie les 2 poings serrés, parle entre ses dents)
Pourquoi m'a-t-elle dit qu'elle aimait ce bellâtre ?!
(Regardant Paul)
Je n'ai plus la passion pour faire demi-tour
Finalement la vie est faite de discours.
On a beau s'accrocher on n'y peut vraiment rien
L'alchimie de l'amour a raison des terriens !

Dernière scène

EPILOGUE

Marion *(Parle seule au public)* : Paul a perdu sa mie mais c'était prévisible
Il a aussi compris qu'il n'y était pour rien
L'amour a des vertus qui sont parfois nuisibles
Dès lors qu'avec le temps l'aimée ne sent plus rien

Marie *(parle seule au public)* : Julie n'est pas comblée, le sera-t-elle un jour
Son amour impossible a été déclaré
Difficile pour l'heure et qui sait un beau jour
Renaîtra par magie sous un ciel étoilé

Paul *(Parle seul au public)* : Éric est passionné, il le sera toujours
Sa personnalité joyeuse fait du bien
Il joue avec les mots livrant ses calambours
A qui veut bien l'entendre, écume des refrains

Yves *(Parle seul au public)* : Louise est toujours fragil', de passion relative
Elle s'est fourvoyée dans un malentendu
Elle vécut un an de façon maladive
Ne retrouvant jamais le sourire qu'on connut

Julie *(Parle seule au public)* : Marie n'est pas heureuse elle passe le temps
A se ressasser qu'Yves nuit à son décor
La confiance est cassée, elle reste pourtant
Il est toute sa vie, comme elle le déplore !

Éric *(Parle seul au public)* : Yves arrive à ses fins, la mairie,
les projets
Il a su retomber sur ses pieds, il dérange
Il passera très près d'une cure d'orange
Et saura éviter les puits empoisonnés

Louise *(Parle seule au public)* : Marion n'a pas vraiment eu beaucoup plus d'argent
Seule une augmentation est venue remercier
Ses états de service mais finalement
Se sent la plus heureuse. Est prête à se marier

Tous les acteurs disent en cœur :

« On peut le dire en cœur : Final(e)ment, rien ne change »

REMERCIEMENTS :

Merci à mes parents Josette et Bernard
pour leur amour et leur soutien

Merci à mes enfants Vincent, Julie et Simon
et à mon épouse Catherine pour la source d'inspiration !

Merci à ma sœur Nathalie

Merci à Laurence Michel pour son soutien de la première heure

Merci à mes véritables amitiés, elles sauront se reconnaître

Merci au puits du Mirail

Merci à Eric Des Garets et à Patrick Dupond
pour leurs préfaces élogieuses

Merci au docteur Fabienne Pierrou-Jourdan, elle saura pourquoi

Merci au docteur Valérie Ducoulombier-Hérent,
elle saura aussi pourquoi

Merci à Papé et Mamé,
mes deux amours que je n'oublierai jamais

Table des matières

Préface de Patrick DUPOND   5

Préface D'Eric DES GARETS   6

BONJOUR ET MERCI   8

ACTE PREMIER   11
    Scène 1   12
    Scène 2   17
    Scène 3   22
    Scène 4   27
    Scène 5   32

ACTE DEUXIEME   37
    Scène 1   38
    Scène 2   43
    Scène 3   47
    Scène 4   52
    Dernière scène   56

REMERCIEMENTS   58